10
18

12, AVENUE D'ITALIE. PARIS XIIIe

Sur l'auteur

Harry G. Frankfurt, spécialiste renommé de philosophie morale, est professeur émérite à l'université de Princeton. Il a publié, entre autres ouvrages, *The Reasons of Love*, *Necessity, Volition, and Love* et *The Importance of What We Care About*.

HARRY G. FRANKFURT

DE L'ART DE DIRE DES CONNERIES
(On Bullshit)

Traduit de l'américain
par Didier SÉNÉCAL

INÉDIT

10/18

« Fait et cause »

Titre original :
On Bullshit

ISBN-2-264-04332-6

À Joan, en toute sincérité

Avis au lecteur

Le mot *bullshit*, d'usage extrêmement courant dans la langue anglaise, recouvre un champ lexical sans équivalent en français. Pour traduire cette « merde de taureau » argotique sur laquelle Harry G. Frankfurt bâtit son raisonnement philosophique, il faut donc recourir à plusieurs mots. Disons que *bullshit* se situe à mi-chemin entre baratin et connerie (employé de préférence au pluriel, comme dans les expressions « c'est des conneries ! » et « raconter des conneries ») ; quant aux *bullshitters* qui peuplent ce petit livre, ce sont des « baratineurs » doublés de « déconneurs ». Sans cette distorsion formelle, le traducteur serait condamné à trahir l'esprit d'un auteur qui, comme tous les humoristes anglo-saxons, n'est jamais aussi sérieux que lorsqu'il déconne.

Le traducteur.

Avant-propos de l'auteur à l'édition française

J'ai écrit cet essai en 1984 ou 1985. À l'époque, j'enseignais la philosophie à l'université de Yale et j'étais *fellow* du Whitney Humanities Center. L'appartenance à cette société savante m'amenait à rencontrer régulièrement les autres membres – issus de disciplines très variées – afin d'aborder des sujets présentant un intérêt commun. Chaque *fellow* devait fournir un échantillon de son travail lors d'une de ces séances de discussion. C'est pour m'acquitter de cette obligation que j'ai rédigé mon essai sur l'art de dire des conneries.

Lorsque j'ai présenté mon texte, mes collègues l'ont considéré (conformément à mon attente) comme un travail sérieux d'analyse philosophique et sociale. Personne n'a semblé y voir une entreprise frivole ou humoristique. La seule réaction explicite dont je me souvienne est celle d'un *fellow* (physicien de son état) particulièrement sensible au fait que le corps professoral de Yale comptait alors dans ses rangs Jacques Derrida et plusieurs autres têtes de file du postmodernisme. Le fait que mon essai ait été écrit à Yale lui semblait fort approprié car, selon ses propres mots, « Yale, après tout, est la capitale mondiale du baratin ».

Certains passages situés à la fin du texte font référence aux idées postmodernes, mais je n'ai jamais eu l'intention d'attaquer le postmodernisme en particulier. Je me suis simplement efforcé de comprendre ce que je voulais dire chaque fois que je manifestais mon opposition ou mon dédain à l'égard de quelque chose en le qualifiant de « conneries » – une réaction irréfléchie dont j'étais assez coutumier. J'étais donc mû par le désir philosophique classique, qui remonte au moins aux dialogues platoniciens, de clarifier certains concepts auxquels on a souvent recours pour décrire le comportement humain.

Cet essai a été publié pour la première fois en 1986 dans la revue littéraire *Raritan*, sous une forme identique à celle de la présente édition. Au cours des années, il est parvenu sur plusieurs sites Internet (sans que j'y sois pour rien) et a suscité bon nombre de commentaires favorables. Cet accueil a incité Ian Malcolm, mon éditeur chez Princeton University Press, à me suggérer d'en faire un petit volume. Lorsque je lui ai objecté que le texte était trop court, il m'a répondu : « On peut jouer sur les marges, sur les polices de caractères et sur la taille des pages. » Son intuition selon laquelle un tel livre pouvait trouver un public significatif s'est avérée extraordinairement prophétique. Quoi qu'il en soit, le voici entre vos mains.

Harry G. Frankfurt, août 2005.

DE L'ART DE DIRE DES CONNERIES

L'un des traits les plus caractéristiques de notre culture est l'omniprésence du baratin. Chacun d'entre nous en est conscient – et y a sa part de responsabilité. Mais nous avons tendance à considérer cette situation comme naturelle. La plupart des gens ont confiance dans leur aptitude à repérer le baratin et à éviter d'en être dupes. Aussi ce phénomène soulève-t-il fort peu d'inquiétudes et n'a-t-il guère suscité d'études approfondies.

Dès lors nous avons du mal à appréhender clairement ce qu'est le baratin, pourquoi il est aussi répandu et quelles fonctions il remplit. Il nous manque également une approche consciente de ce qu'il signifie pour nous. En d'autres termes, nous ne disposons d'aucune théorie. Je me propose donc d'engager un travail d'explication théorique du baratin, en suivant avant tout les démarches exploratoires de l'analyse philosophique.

Je laisserai de côté les us et les abus rhétoriques du baratin. Mon objectif se résume à ébaucher une définition du baratin et à montrer en quoi il diffère de certaines notions voisines – autrement dit à décrire plus ou moins sommairement ses structures conceptuelles.

Toute tentative visant à déterminer logiquement les conditions nécessaires et suffisantes à l'émergence du baratin est vouée à un certain arbitraire. D'abord, les mots *baratin* et *conneries* sont souvent employés de manière peu rigoureuse – comme des termes insultants et dénués de signification précise. Ensuite, le phénomène revêt de telles proportions que toute analyse tranchante et perspicace risque de mutiler ce concept à la manière de Procuste. Il doit néanmoins être possible de dire certaines choses, sinon décisives, du moins utiles. Après tout, personne n'a encore essayé de poser les questions les plus élémentaires relatives au baratin, et *a fortiori* d'y répondre.

Pour autant que je sache, le sujet n'a inspiré qu'un très petit nombre de travaux. Je n'ai pas cherché à établir de bibliographie, faute d'abord de savoir comment m'y prendre. Bien entendu, les dictionnaires possèdent une entrée pour le mot « conneries », et ils détaillent certaines acceptions variées et pertinentes du mot « con » et de ses dérivés. Je reviendrai le moment venu sur certaines de ces définitions. Autre source précieuse : l'essai qui donne son titre à *The Prevalence of Humbug* (Prédominance de la fumisterie) de Max Black[1]. Je me demande jusqu'à quel point les mots *fumisterie* et *conneries* se recoupent. Bien sûr, ils ne sont pas interchangeables à volonté ; il est évident qu'on les utilise dans des contextes différents. Mais ces différences me semblent ressortir davantage au degré de politesse et à d'autres paramètres rhétoriques qu'à ce qui m'intéresse le plus, à savoir leur sens littéral. Il est plus courtois, et plus mesuré, de s'écrier : « Quelle fumisterie ! » plutôt que : « C'est des conneries ! » Dans le cadre de ce travail, je partirai du principe que les deux mots sont très voisins.

Black propose toute une série de synonymes de *fumisterie* : *charlatanisme*, *blague*, *bêtise*, *balivernes*, *boniment*, *foutaise*, *blablabla*, *sornettes*. Cette liste d'équivalents plus ou moins pittoresques n'apporte pas grand-chose. Mais Black tente aussi d'établir plus directement la nature de la fumisterie et propose la définition suivante :

> FUMISTERIE : représentation déformée, trompeuse, presque mensongère, de ses pensées, de ses sentiments ou de son comportement, en général par le biais de termes prétentieux ou d'attitudes ostentatoires[2].

On pourrait reprendre une formulation très similaire pour énoncer les caractéristiques essentielles du baratin. En guise de préliminaire à une approche personnelle de ces caractéristiques, je vais maintenant commenter les diverses composantes de la définition de Black.

Représentation déformée, trompeuse : cela sonne comme un pléonasme. Black considère sans aucun doute la fumisterie comme un acte destiné à tromper, et il exclut toute possibilité qu'elle puisse induire en erreur par inadvertance. Autrement dit, il s'agit d'une représentation *délibérément* déformée. Si les nécessités conceptuelles nous amènent à envisager l'intention de tromper comme un trait permanent de la fumisterie, il faut en déduire que la notion même de fumisterie dépend au moins en partie de l'état d'esprit de son auteur. La notion de fumisterie n'est donc pas uniquement liée à son contenu. De ce point de vue, la notion de fumisterie est similaire à la notion de mensonge, laquelle ne se confond pas seulement avec le caractère erroné de l'affirmation prononcée par le menteur, mais exige que ce dernier l'ait formulée dans un certain état d'esprit – à savoir dans le but de tromper.

Il reste à déterminer si des traits essentiels de la fumisterie ou du mensonge peuvent être *indépendants* des intentions ou des convictions de leur auteur, ou bien si au contraire n'importe quelle déclaration – pour peu que celui qui la fait se trouve dans un certain état d'esprit – peut véhiculer une fumisterie ou un mensonge. Quelques définitions du mensonge impliquent la formulation d'une contre-vérité ; pour d'autres, un individu peut mentir même si ce qu'il dit est vrai, du moment qu'il est persuadé que c'est faux et qu'il est mû par l'intention de tromper. Qu'en est-il alors de la fumisterie et du baratin ? N'importe quelle déclaration mérite-t-elle d'être qualifiée de fumisterie ou de baratin pour peu que son auteur soit dans l'état d'esprit de tromper, ou bien cette déclaration doit-elle aussi présenter certaines caractéristiques particulières ?

Presque mensongère : cette précision implique que la fumisterie possède quelques traits caractéristiques du mensonge, et qu'il lui en manque d'autres. Mais à l'évidence la question ne se limite pas à cela. En effet, toute utilisation du langage sans exception présente un ou plusieurs traits caractéristiques du mensonge – ne serait-ce que le simple fait d'être une forme d'expression. Cependant, il serait sûrement incorrect de qualifier toute utilisation du langage de presque mensongère. La définition de Black évoque une sorte de continuum, dans lequel le mensonge occuperait un segment particulier, tandis que la fumisterie serait cantonnée à un segment antérieur. Mais de quel type de continuum s'agit-il où l'on rencontrerait la fumisterie avant le mensonge ? Il s'agit en effet de deux modes de représentation déformée. À première vue, néanmoins, il n'est pas facile d'envisager les nuances qui les séparent comme des différences de degré.

En général par le biais de termes prétentieux ou d'attitudes ostentatoires : il y a ici deux points à relever. *Primo*, Black définit la fumisterie comme une forme de langage, mais aussi comme une forme de comportement ; elle peut être accomplie soit en paroles, soit en actes. *Secundo*, l'emploi de la locution adverbiale « en général » montre que Black ne considère pas la prétention comme une caractéristique essentielle, ni même vraiment indispensable, de la fumisterie. Il est indubitable que la fumisterie s'accompagne souvent de prétention. En ce qui concerne les conneries, on notera que l'expression « conneries prétentieuses » constitue presque un cliché. Mais j'ai tendance à penser que lorsque les conneries deviennent prétentieuses, c'est parce qu'elles sont motivées par la prétention, et non pas du fait d'un élément constitutif de leur essence. Selon moi, le fait qu'un individu se comporte de manière prétentieuse n'implique pas que ses déclarations soient automatiquement des conneries. Bien sûr, cela explique souvent sa propension à proférer des conneries. Mais il ne faudrait pas en conclure que les conneries sont toujours motivées par la prétention.

Représentation déformée [...] de ses pensées, de ses sentiments ou de son comportement : cette assertion selon laquelle l'auteur d'une fumisterie se trompe lui-même soulève plusieurs questions capitales. D'abord, un individu qui recourt à une déformation délibérée, et ce quel qu'en soit l'objet, déforme obligatoirement son propre état d'esprit. Il est bien entendu possible de ne déformer que son état d'esprit – par exemple en prétendant éprouver un désir ou un sentiment alors qu'il n'en est rien. Mais supposons qu'un individu donne une représentation déformée d'autre chose, soit par le biais d'un mensonge, soit de toute autre façon. Dans ce cas, la déformation affecte au moins deux choses : le sujet auquel il se réfère dans son discours et de manière inévitable son état d'esprit. Ainsi, une personne qui ment sur la somme d'argent qui se trouve dans sa poche donne une représentation déformée de la somme dont elle dispose tout en faisant semblant d'y croire. Si le mensonge fonctionne, sa victime sera doublement abusée, puisqu'elle aura une image faussée de l'argent qui se trouve dans la poche du menteur et de l'état d'esprit de ce dernier.

Cependant, il est peu vraisemblable que Black ait voulu placer au cœur de toute fumisterie l'état d'esprit de son auteur. Après tout, rien n'empêche l'entrée en jeu d'autres facteurs. Black veut sans doute dire qu'à l'origine une fumisterie ne vise pas à donner à sa victime une idée fausse du sujet en question, mais plutôt à l'induire en erreur sur les arrière-pensées de son auteur. Le but de toute fumisterie est de produire cette impression trompeuse.

Le raisonnement de Black étant désormais clarifié, il devient possible d'avancer une hypothèse expliquant pourquoi il qualifie la fumisterie de « presque mensongère ». Si je vous mens sur la somme d'argent dont je dispose, je ne profère aucune assertion *explicite* relative à mes convictions. Bien que mon mensonge implique une représentation déformée de mon état d'esprit, celle-ci demeure distincte de la fausse estimation de ce que j'ai en poche, et il n'y a donc pas de mensonge à proprement parler. En effet, je ne prends pas ouvertement position sur ce que j'ai en tête. De même, si je déclare : « J'ai vingt dollars sur moi », cela n'implique en aucune façon que je nourrisse telle ou telle conviction. Néanmoins, une telle affirmation vous autorise à porter un jugement sur ce que j'ai en tête. Elle vous fournit en particulier une base raisonnable pour supposer que je crois vraiment avoir vingt dollars en poche. Mon mensonge tend donc à vous induire en erreur, même s'il ne s'applique pas directement à mon état d'esprit. De ce point de vue, il n'est pas abusif d'estimer que je présente ma propre conviction de manière « presque mensongère ».

Rien de plus facile que de trouver des situations familières qui viennent confirmer la définition de la fumisterie selon Black. Songez à ces orateurs qui tiennent des discours ampoulés, lors de la fête nationale du 4 Juillet, sur « notre grand pays béni de Dieu, dont les Pères fondateurs, guidés par un souffle divin, offrirent un nouveau départ à l'humanité tout entière ». Il s'agit à l'évidence d'une fumisterie. Si l'on s'en réfère à la définition de Black, un tel orateur ne ment pas. Il mentirait s'il cherchait à transmettre à son public des opinions qu'il considérerait comme erronées à propos du caractère sacré des États-Unis d'Amérique, de l'inspiration divine des Pères fondateurs ou de leur capacité à offrir un nouveau départ à l'humanité tout entière. Or l'orateur se soucie fort peu de ce que ses auditeurs pensent des Pères fondateurs ou du rôle de Dieu dans l'histoire américaine. En tout cas, ce n'est pas leur opinion sur ces sujets qui a motivé son discours.

À l'évidence, si ce type de discours grandiloquent constitue une fumisterie, ce n'est pas parce que l'orateur considère ses propres affirmations comme fausses. La définition de Black suggère plutôt qu'il les prononce pour donner une certaine idée de lui-même. Il n'essaie pas de tromper qui que ce soit à propos de l'histoire des États-Unis. Ce qui l'intéresse, c'est ce que les gens pensent de *lui*. Il veut être considéré comme un patriote, comme un homme dont le cœur et l'esprit se nourrissent des origines et de la mission de notre nation, comme une personne attachée aux vertus de la religion et à la grandeur de notre histoire, tout en restant humble devant Dieu, et ainsi de suite.

La manière dont Black définit la fumisterie semble donc correspondre à merveille à certaines conneries exemplaires. Néanmoins, je ne crois pas que cette approche permette de saisir correctement le caractère fondamental du baratin. Certes, on peut dire que le baratin, tout comme la fumisterie, est presque mensonger, et que, d'une certaine façon, ceux qui le profèrent donnent d'eux-mêmes une représentation déformée. Mais, sur ces deux points, Black tire à côté de la cible. À présent, je vais m'efforcer d'ébaucher une analyse plus précise des caractéristiques centrales du baratin en m'appuyant sur quelques éléments de la biographie de Ludwig Wittgenstein.

Celui-ci a dit un jour que ces vers de Longfellow auraient pu lui servir de devise[3] :

Les bâtisseurs d'autrefois
Exécutaient de leur mieux
Les détails que l'on ne voit,
Car les dieux sont en tout lieu.

Le sens de ces quatre vers est très clair. Jadis, les artisans ne lésinaient pas sur leur peine. Ils travaillaient avec soin, et leur zèle s'appliquait à tous les aspects de leur ouvrage. Chaque composante du produit fini était conçue au préalable, puis dessinée et élaborée exactement selon le plan initial. L'autodiscipline et le sérieux de ces artisans ne se relâchaient pas, même à l'égard des détails qui demeureraient invisibles. Personne n'aurait rien remarqué, mais leur conscience le leur aurait reproché. Pas question, donc, de s'abriter derrière la règle du ni vu ni connu. On pourrait presque dire qu'avec eux les conneries n'avaient pas cours.

Il peut être tentant d'établir une analogie entre le baratin et le travail mal fichu et bâclé. Mais dans quelle mesure ? Le baratin est-il toujours le fruit d'une attitude nonchalante, négligente, brouillonne, aux antipodes du soin méticuleux apporté aux détails qu'évoque Longfellow ? Le baratineur est-il par essence un abruti doublé d'un lourdaud, condamné par là même à *merdoyer* ? Le mot *merde* s'applique ici parfaitement. Un excrément, en effet, n'est ni conçu ni fabriqué, mais simplement largué ou coulé. Il peut avoir une forme plus ou moins cohérente, mais dans tous les cas de figure il n'est jamais *élaboré*.

La notion de baratin soigneusement élaboré implique donc une certaine contrainte personnelle. Pour porter de l'attention aux détails, il faut de la discipline et de l'objectivité, ce qui sous-entend le respect de règles et de limites visant à bannir la négligence, le coup de tête et le caprice. C'est ce dévouement désintéressé qui nous paraît rigoureusement incompatible avec le baratin. Mais, en fait, tout rapprochement n'est pas exclu, loin de là. Le domaine de la publicité, celui des relations publiques, et celui de la politique, aujourd'hui étroitement lié aux deux précédents, abondent en conneries si totales et absolues qu'elles constituent de véritables modèles classiques de ce concept. Or ces activités emploient des spécialistes d'une extrême sophistication qui – à l'aide d'outils technologiques perfectionnés et très exigeants du genre études de marché, sondages d'opinion, tests psychologiques, etc. – se consacrent sans relâche à ciseler chaque mot et chaque image de leurs messages.

À cela il convient d'ajouter la remarque suivante : quelle que soit la conscience professionnelle du baratineur, il est indéniable que celui-ci cherche aussi à se libérer de quelque chose. Il y a sans doute dans son travail, comme dans celui de l'artisan négligent, une sorte de relâchement qui refuse ou élude les exigences d'une discipline austère et désintéressée. Bien entendu, on ne peut pas mettre ce relâchement sur le même plan que la simple nonchalance ou que le manque d'attention aux détails. J'essaierai le moment venu d'analyser ce point avec davantage de précision.

Wittgenstein a dédié une bonne part de ses investigations philosophiques à identifier et à combattre ce qu'il considérait comme des formes insidieuses et perturbatrices de l'absurde. Il en était de même, semble-t-il, dans sa vie privée, comme le révèle une anecdote rapportée par Fania Pascal, qui le fréquenta à Cambridge dans les années 1930 :

> Je m'étais fait opérer des amygdales et passais mon temps à m'apitoyer sur mon sort à la clinique Evelyn. Wittgenstein vint me rendre visite. Je ronchonnai : « Je me sens comme un chien qui vient de se faire écraser. » Alors il me répondit avec dégoût : « Vous ignorez ce que ressent un chien qui vient de se faire écraser[4]. »

Qui sait en fait ce qui s'est réellement passé ? Il serait extraordinaire, presque incroyable, que quelqu'un conteste sérieusement la restitution par Fania Pascal de ses propres mots. Sa manière d'exprimer ce qu'elle ressent est si innocente, si proche de l'expression populaire « malade comme un chien » qu'elle n'aurait jamais dû susciter une réaction aussi violente que le dégoût. Si une telle comparaison est jugée offensante, alors n'importe quelle tournure imagée, n'importe quelle forme de langage allusive peut produire le même effet.

Il est donc possible que les choses ne se soient pas déroulées exactement comme le raconte Fania Pascal. Peut-être Wittgenstein a-t-il voulu plaisanter, sans que son intention soit bien comprise. Il voulait seulement critiquer son ton plaintif au moyen d'une petite hyperbole, et elle a mal interprété sa réflexion. Elle a cru que sa comparaison l'avait mis en colère, alors qu'il tentait simplement de lui remonter le moral en feignant d'être irrité ou en la taquinant. Dans ce cas, l'incident n'a plus rien de bizarre ni d'incroyable.

Mais si Fania Pascal ne s'est pas aperçue que Wittgenstein l'asticotait, il n'est pas totalement exclu qu'en fin de compte il ait été sérieux. Elle le connaissait bien et savait à quoi s'attendre de sa part ; elle savait comment réagir face à certains de ses comportements. Il est probable que la façon dont elle a compris ou dont elle s'est méprise sur sa réplique cinglante n'était pas en complète opposition avec sa vision du personnage. Nous sommes donc autorisés à supposer que, même si son récit ne restitue pas strictement l'intention de Wittgenstein, il est assez fidèle à l'idée qu'elle se faisait de lui. Pour les besoins de mon raisonnement, je partirai du principe que Fania Pascal est digne de crédit lorsqu'elle décrit la réaction ridicule de Wittgenstein en présence de tournures de langage imagées ou allusives.

À quoi le Wittgenstein qu'elle met en scène s'oppose-t-il ? Admettons qu'il ait eu raison d'un point de vue factuel : à savoir que Fania Pascal ignore ce que ressentent les chiens écrasés. Pour autant, cela ne signifie pas que sa remarque soit un *mensonge*. Elle mentirait si, au moment de faire cette déclaration, elle avait conscience d'éprouver un réel bien-être. Car, même si sa connaissance de l'existence canine est très limitée, elle se rend compte à l'évidence qu'un chien écrasé ne se sent pas en pleine forme. Si elle avait éprouvé du bien-être, elle aurait menti en prétendant se sentir « comme un chien qui vient de se faire écraser ».

Wittgenstein ne l'accuse pas de mensonge, mais d'une autre sorte de représentation déformée de la réalité. Elle compare ses sensations à celles d'un *chien écrasé*, alors que celles-ci ne lui sont pas familières. Bien sûr, elle n'a nullement l'impression de proférer une absurdité, et on ne peut pas lui reprocher un quelconque charabia. Elle sait que ses paroles sont tout à fait compréhensibles. En outre, les sensations auxquelles sa phrase se réfère ne lui sont pas étrangères : elles sont indésirables, désagréables, ce sont de *mauvaises* sensations. Le problème, dans son affirmation, c'est qu'elle ne se limite pas à exprimer le fait qu'elle se sent mal. Elle décrit son malaise de manière trop spécifique, trop particulière. Elle ne se contente pas de dire qu'elle n'est pas en forme, elle estime nécessaire de préciser qu'elle se sent comme un *chien écrasé*. Si l'on en juge par la réplique de Wittgenstein telle qu'elle la rapporte, cette comparaison est à ses yeux du pur baratin.

Si nous admettons que Wittgenstein a vraiment considéré la déclaration de Fania Pascal comme un exemple de baratin, pourquoi cette phrase l'a-t-elle frappé comme tel ? Parce que, selon moi, il l'a jugée déconnectée de tout souci de vérité – je m'exprime pour l'instant de façon approximative. Cette façon de parler est incompatible avec le travail de description de la réalité. C'est tout juste si Fania Pascal a une vague idée de ce que peut ressentir un chien écrasé. Par conséquent, son affirmation est le fruit de son imagination. Soit elle l'a inventée de toutes pièces, soit elle la répète bêtement, au mépris de la réalité des faits.

Wittgenstein la réprimande à cause de cette bêtise. Ce qui le dégoûte, c'est que Fania Pascal ne se soucie même pas de savoir si sa déclaration repose ou non sur une vérité. Il est très probable qu'il ne s'agit que d'une tentative maladroite pour s'exprimer de manière pittoresque, ou bien pour manifester son entrain et sa bonne humeur. Et à l'évidence la réaction de Wittgenstein – telle qu'elle la rapporte – est aussi ridicule qu'intolérante. Mais cette réaction s'explique de manière très claire : il adopte cette attitude parce qu'il estime la comparaison irréfléchie et dénuée de tout respect envers la réalité des faits. Il reproche à Fania Pascal de ne pas « exécuter de son mieux les détails que l'on ne voit ». Elle a ouvert la bouche sans s'être donné la peine de vérifier la véracité de ses dires.

À l'évidence, ce qui trouble Wittgenstein, ce n'est pas le fait que Fania

Pascal ait décrit ses sensations de façon erronée. Ni même qu'elle ait péché par manque d'application. Son relâchement, ou son manque de soin, ne consiste pas à avoir proféré une chose inexacte par inadvertance ou du fait d'un instant de négligence ou d'inattention alors qu'elle s'efforçait d'établir la vérité. Aux yeux de Wittgenstein, Fania Pascal a voulu décrire son état d'esprit sans se soumettre aux contraintes indispensables pour quiconque s'efforce de donner une représentation exacte de la réalité. Sa faute n'est pas d'avoir échoué à fournir une description authentique, mais de ne pas même avoir essayé.

Wittgenstein y attache beaucoup d'importance, car, à tort ou à raison, il prend au sérieux ce qu'elle lui dit, comme si sa déclaration avait pour but de lui apporter des informations sur la manière dont elle se sent. À ses yeux, elle devrait placer au premier rang de ses priorités la distinction entre le vrai et le faux, alors qu'elle n'y accorde pas la moindre attention. C'est en ce sens que l'affirmation de Fania Pascal est déconnectée de tout souci de vérité : elle ne s'intéresse pas à l'authenticité de ce qu'elle dit. Voilà pourquoi on ne peut pas considérer qu'elle mente ; comme elle ne prétend pas connaître la vérité, elle ne peut pas proférer délibérément une contre-vérité. Sa déclaration n'est fondée ni sur la conviction de dire vrai ni, comme c'est le cas de tout mensonge, sur celle de proclamer des choses fausses. Pour moi, cette absence de tout souci de vérité, cette indifférence à l'égard de la réalité des choses constituent l'essence même du baratin.

Je vais maintenant me tourner vers certaines rubriques des dictionnaires (soigneusement sélectionnées) afin de clarifier la nature du baratin. À lire les définitions de mots tels que *déconner*, *déconnage* ou *déconnade*, on pourrait croire que ce type d'activités ne concerne que le sexe masculin. Cela me semble faux. Même s'il est exact que les participants aux parties de déconnade sont en général des hommes, on aurait tort de considérer ces dernières comme de simples conversations informelles entre mâles – de même que le *caquetage* ne se résume pas à une conversation informelle entre femmes. Il est indéniable que les traditionnelles *soirées entre filles* réunissent plus ou moins exclusivement des individus de sexe féminin : ce terme fait aussi référence au type de conversations menées en de telles occasions. Pour ma part, je caractériserai les parties de déconnade de la manière suivante : même si les discussions sont animées et pleines de sens, d'un certain point de vue elles demeurent « pas sérieuses », « pour de rire ».

Les sujets les plus fréquemment abordés touchent à des aspects de la vie très personnels et chargés en émotion, tels que la religion, la politique ou le sexe. Les gens rechignent d'ordinaire à aborder ouvertement ce genre de thèmes parce qu'ils redoutent qu'on les prenne au sérieux. Dans une partie de déconnade, les participants *font les cons*, c'est-à-dire qu'ils ont tendance à adopter des positions et des attitudes variées, de façon à s'écouter eux-mêmes énoncer des idées inhabituelles et à observer la réaction des autres, sans devoir pour autant s'engager personnellement : il est entendu par tous les déconneurs que les opinions affichées ne reflètent pas nécessairement les convictions profondes ni les sentiments des orateurs. L'important, c'est de permettre à la fois une extrême franchise et une approche expérimentale, voire aventureuse, des sujets abordés. Des dispositions sont donc prises pour autoriser une certaine irresponsabilité, de manière que les gens se sentent encouragés à dire ce qu'ils ont sur le cœur sans craindre d'éventuelles conséquences.

Autrement dit, chaque déconneur sait que personne n'ira s'imaginer qu'il s'exprime du fond du cœur ou qu'il croit dur comme fer à ce qu'il raconte. Le but de la déconnade n'est pas d'échanger des convictions. Par conséquent, le lien tacite qui unit d'ordinaire ce que les gens disent à ce qu'ils pensent est provisoirement rompu. Les propos tenus lors d'une partie de déconnade diffèrent du baratin classique dans la mesure où personne ne fait semblant de croire que ce lien est toujours en vigueur. Mais ils se rapprochent du baratin par leur relative liberté vis-à-vis du souci de vérité. Cette proximité est d'ailleurs suggérée par l'expression *déconner à pleins tubes*, dont l'image de référence rejoint d'une certaine façon celle du verbe *merdoyer*.

On retrouve un thème voisin dans les dictionnaires avec la définition d'une forme très spécifique de conneries, les conneries militaires : « Corvées et rituels inutiles, discipline excessive, cirage maniaque des brodequins et autres "gaietés de l'escadron". » Le mot *conneries* s'applique ici à des tâches absurdes, en ce sens qu'elles n'ont plus aucun rapport avec l'intention affichée à l'origine ou avec la justification première de telles activités. Le cirage des souliers et les chinoiseries administratives n'apportent aucune contribution palpable aux buts « réels » des responsables militaires ou politiques, bien qu'ils soient imposés à la troupe par des cadres qui se prétendent entièrement dévoués à l'accomplissement de ces buts. Les « corvées et rituels inutiles » propres aux conneries militaires sont donc aussi déconnectés des motifs qui les légitiment que les déclarations des déconneurs le sont de leurs convictions profondes, ou que les conneries en général du souci de vérité.

Le mot *baratin* possède aussi une acception plus large et plus familière que l'on retrouve dans la définition suivante : « Paroles ou écrits insignifiants, de mauvaise foi ou mensongers ; absurdités. » Puisque le baratin n'est pas obligatoirement dénué de sens ni dérisoire, les termes « insignifiants » et « absurdités », en dépit de leur caractère assez vague, me semblent manquer de pertinence. La mauvaise foi et le mensonge sont plus justes, mais ces termes demandent à être précisés[5]. La rubrique qui nous intéresse ici propose en outre deux définitions complémentaires :

1. Paroles vaines, hors de propos ; « du vent ».
2. Mot familier signifiant un mélange de poudre aux yeux, d'épate, de « vent » et de ce qu'il est convenu d'appeler « amuser la galerie ».

L'expression « hors de propos » est assez adéquate, mais trop vague et de portée trop générale. Elle couvre les simples digressions et les développements « hors sujet » involontaires, qui ne sont pas toujours des exemples de baratin. De plus, dire que le baratin est hors de propos ne donne aucune information sur la nature de son réel propos. La référence au « vent », contenue dans les deux définitions, nous aide davantage.

Quand nous disons d'un discours que « c'est du vent », nous signifions que rien d'autre ne sort de la bouche de l'orateur. Une simple vapeur. Ses paroles sont creuses, sans substance ni contenu. Par là même, son maniement du langage n'est d'aucune utilité pour le but qu'il prétend servir. L'orateur ne communique pas plus d'informations que s'il s'était contenté d'expirer l'air de ses poumons. Il existe des similitudes, soit dit en passant, entre le vent et l'excrément qui font du *vent* un excellent équivalent aux *conneries*. De même que le vent est un discours vidé de tout contenu informatif, de même l'excrément est une matière débarrassée de tout principe nutritif. On peut considérer l'excrément comme le cadavre de l'aliment, comme ce qui reste une fois épuisés les éléments vitaux de la nourriture. De ce point de vue, l'excrément est une représentation de la mort que nous produisons nous-mêmes, et que nous ne pouvons nous empêcher de produire au cours du processus d'autopréservation de la vie. C'est peut-être parce qu'il rend la mort si proche qu'il nous répugne autant. En tout cas, il n'est pas plus utile à l'alimentation que le vent ne l'est à la communication.

Nous allons maintenant nous intéresser à ces trois vers extraits du Canto LXXIV d'Ezra Pound :

Hé Snag qu'est-ce qu'y a dans la bibl' ?
C'est quoi les livres de la bible ?
Comment qu'y s'appellent, m'raconte
[pas de conneries[6].

On relève ici une exigence de vérité. L'interlocuteur s'est à l'évidence targué de connaître la Bible ou du moins de se soucier de son contenu. La personne qui parle soupçonne son discours de n'être que du vent et lui demande de fonder ses prétentions sur des faits. Elle ne se contentera pas de belles paroles ; elle veut juger sur pièces. En termes de poker, elle refuse de céder au bluff et exige de voir les cartes. Le lien entre déconner et bluffer est explicitement établi dans une définition de dictionnaire qui fait référence aux vers de Pound :

> DÉCONNER v. intr. Proférer des absurdités [...] Bluffer, se sortir d'embarras en proférant des absurdités.

Il semblerait donc que *raconter des conneries* implique une certaine forme de bluff. En tout cas, les verbes *baratiner* et *déconner* sont plus proches de *bluffer* que de *mentir*. Mais que nous apprend cette proximité sur la nature du baratin ? Et en quoi le bluff diffère-t-il du mensonge ?

Le bluff et le mensonge sont deux modes de représentation déformée ou de tromperie. Mais le concept fondamental qui caractérise la nature du mensonge est celui de fausseté : le menteur est avant tout quelqu'un qui proclame volontairement une chose fausse. Le bluff vise lui aussi à transmettre une fausse information. Cependant, il se distingue du mensonge pur et simple en ce qu'il repose non pas sur la fausseté, mais plutôt sur le trucage. Ainsi s'explique qu'il soit si proche du baratin. Car l'essence même de ce dernier est l'imposture, et non pas la fausseté. Pour bien comprendre cette distinction, il faut se rappeler qu'une imitation factice, en toc, n'est pas nécessairement inférieure à l'objet véritable (si ce n'est bien sûr du point de vue de l'authenticité). Ce n'est pas parce que quelque chose n'est pas authentique qu'il présente par ailleurs le moindre défaut. Après tout, une imitation peut être parfaite. Le problème posé par une contrefaçon ne concerne pas son aspect, mais les conditions dans lesquelles elle a été fabriquée. Par analogie, cela nous amène à l'un des aspects fondamentaux du baratin : bien qu'il soit produit sans aucun souci de vérité, il n'est pas faux pour autant. Le baratineur contrefait les choses, mais cela ne signifie pas pour autant qu'elles soient erronées.

Dans le roman d'Eric Ambler intitulé *Sale Histoire*, un personnage du nom d'Arthur Abdel Simpson se remémore le conseil que lui donnait son père quand il était enfant :

> Je n'avais que sept ans quand on a tué mon père, et pourtant je me souviens très bien de lui et de ce qu'il me répétait souvent [...] L'une des premières choses qu'il m'ait apprises est la suivante : « Ne mens jamais si tu peux t'en tirer en racontant des conneries[7]. »

Cela implique non seulement qu'il existe une différence importante entre le mensonge et le baratin, mais aussi que le second est préférable au premier. Néanmoins, le père de Simpson ne considérait sans doute pas qu'il soit moralement préférable de raconter des conneries plutôt que de mentir. Il est aussi très probable que le mensonge ne lui paraissait pas systématiquement moins efficace que le baratin pour parvenir au résultat escompté. Un mensonge habile, en effet, peut très bien être couronné de succès. Le père de Simpson estimait plutôt qu'il est plus facile de se tirer d'affaire en racontant des conneries qu'en mentant. À moins qu'il n'ait voulu dire que, le risque de se faire prendre étant à peu près équivalent dans les deux cas, la punition est en général moins sévère pour le baratineur que pour le menteur. Effectivement, nous avons tendance à nous montrer plus tolérants envers le baratineur, peut-être parce que nous sommes moins enclins à considérer ses propos comme un affront personnel. Bien entendu, nous cherchons à prendre nos distances avec le baratin, mais celui-ci ne nous inspire qu'un haussement d'épaules irrité, alors que le mensonge nous blesse personnellement et provoque notre indignation. La question de savoir pourquoi notre réaction est en général plus modérée face au baratin que face au mensonge est très importante ; à titre d'exercice pratique, je laisse au lecteur le soin d'y apporter lui-même une réponse.

Cependant, pour être pertinente, la comparaison ne peut se limiter à établir un rapport entre le mensonge et telle ou telle forme particulière de baratin. Si l'on en croit le père de Simpson, l'alternative est la suivante : soit mentir, soit « s'en tirer en racontant des conneries ». Il ne s'agit donc pas simplement de baratiner : il faut raconter des conneries en fonction d'un *programme* adapté à des circonstances données. C'est sans doute ce qui explique sa préférence. Le mensonge est un acte qui demande une très grande précision. Il consiste à introduire un élément de fausseté au sein d'un système ou d'un ensemble de convictions, afin d'échapper aux conséquences fatales qui se produiraient si la vérité n'était pas altérée. Cela exige une grande habileté, car il faut se soumettre aux contraintes objectives imposées par ce qu'on estime être la réalité. Le menteur est obligatoirement concerné par le souci de vérité. Avant de concocter un mensonge, il doit chercher à déterminer ce qui est vrai. Et pour que son mensonge soit efficace, son imagination doit se laisser guider par la vérité.

En revanche, la personne qui entreprend de se sortir d'embarras en racontant des conneries dispose d'une liberté beaucoup plus grande. Plus besoin de viser comme un tireur d'élite : le champ de vision est désormais panoramique. N'ayant plus besoin d'introduire un élément de fausseté en un point précis, le baratineur ne dépend pas des faits avérés qui entourent ce point ou qui le croisent. Il lui est même possible, si nécessaire, de truquer le contexte. Cette liberté vis-à-vis des contraintes imposées au menteur ne signifie pas, bien entendu, que la tâche soit plus aisée. Mais le mode de créativité requis est moins analytique, moins réfléchi que pendant l'élaboration d'un mensonge. Il offre beaucoup plus d'espace à l'indépendance, à l'improvisation, au pittoresque, aux jeux de l'imagination. Il demande le talent d'un artiste plutôt que celui d'un artisan. D'où la notion familière de « roi des déconneurs », de « baratineur génial ». À mon avis, le père d'Arthur Simpson était beaucoup plus attiré par ce mode de créativité que par la discipline austère du mensonge, et ce quels que soient leur efficacité et leurs mérites relatifs.

Ce dont le baratin donne une représentation déformée, ce n'est ni la situation à laquelle il se réfère ni ce que pense réellement le baratineur de cette situation. Le mensonge, en revanche, déforme cette situation puisqu'il introduit un élément de fausseté. N'étant pas obligatoirement faux, le baratin diffère du mensonge par les intentions qui le sous-tendent. Le baratineur peut très bien ne pas nous induire en erreur, et même n'en avoir aucun désir, que ce soit à propos de la réalité des faits ou de l'idée qu'il s'en fait. La seule chose sur laquelle il essaye toujours de nous tromper, c'est son baratin. Voilà la caractéristique nécessaire et suffisante qui le distingue : dans un certain sens, il cherche toujours à dissimuler ses objectifs.

Le baratineur et le menteur donnent tous deux une représentation déformée d'eux-mêmes et voudraient nous faire croire qu'ils s'efforcent de nous communiquer la vérité. Leur succès dépend de notre crédulité. Mais le menteur dissimule ses manœuvres pour nous empêcher d'appréhender correctement la réalité : nous devons ignorer qu'il tente de nous faire avaler des informations qu'il considère comme fausses. Au contraire, le baratineur dissimule le fait qu'il accorde peu d'importance à la véracité de ses déclarations : nous ne devons pas deviner que son but ne consiste ni à dire des vérités ni à les cacher. Cela ne signifie pas que son discours obéisse à des impulsions anarchiques, mais que les motivations qui le gouvernent ne se soucient guère de la réalité.

Personne ne peut mentir sans être persuadé de connaître la vérité. Cette condition n'est en rien requise pour raconter des conneries. Un menteur tient compte de la vérité et, dans une certaine mesure, la respecte. Quand un honnête homme s'exprime, il ne dit que ce qu'il croit vrai ; de la même façon, le menteur pense obligatoirement que ses déclarations sont fausses.

À l'inverse, le baratineur n'est pas tributaire de telles contraintes : il n'est ni du côté du vrai ni du côté du faux. À l'encontre de l'honnête homme et du menteur, il n'a pas les yeux fixés sur les faits, sauf s'ils peuvent l'aider à rendre son discours crédible. Il se moque de savoir s'il décrit correctement la réalité. Il se contente de choisir certains éléments ou d'en inventer d'autres en fonction de son objectif.

Dans son essai *Sur le mensonge*, saint Augustin distingue huit catégories de mensonges et les classe selon leur intention ou leur justification. Les mensonges appartenant à sept de ces catégories ne sont prononcés que parce qu'ils sont jugés indispensables à l'accomplissement d'une fin distincte de la simple création de fausses croyances. En d'autres termes, ce n'est pas leur fausseté qui attire celui qui les profère. Comme ils sont justifiés par un autre objectif que la tromperie proprement dite, saint Augustin les considère comme involontaires : l'individu n'est pas guidé par le désir de dire un mensonge, mais par la volonté d'atteindre un but. À ses yeux, ce ne sont pas des mensonges authentiques, et ceux qui les prononcent ne sont pas des menteurs au sens strict. Seule la huitième catégorie accueille ce qu'il nomme « le mensonge proféré pour l'unique plaisir de mentir et de tromper, autrement dit le vrai mensonge[8] ». Les mensonges de ce type ne sont pas de simples moyens justifiés par une fin distincte de la propagation d'idées fausses. Ils sont prononcés pour eux-mêmes, autrement dit par amour de la tromperie :

> Il existe une distinction entre l'homme qui prononce un mensonge et le menteur. Le premier ment involontairement, alors que le second aime mentir et passe son temps à céder aux joies du mensonge […] Le second jouit du mensonge et se complaît dans la fausseté[9].

Ce que saint Augustin appelle « menteurs » et « vrais mensonges » est à la fois rare et extraordinaire. Il arrive à tout le monde de mentir, mais très peu d'individus ont souvent (et même ne serait-ce qu'une seule fois) l'occasion de le faire par pur goût de la fausseté ou de la tromperie.

Pour la plupart des gens, le fait qu'une information soit fausse constitue en soi une raison suffisante pour ne pas la transmettre – bien qu'un tel obstacle soit peu contraignant et aisément surmontable. À l'inverse, le menteur patenté de saint Augustin y voit une raison de la transmettre. Pour le baratineur, l'argument ne joue ni dans un sens ni dans l'autre. Lorsqu'ils mentent comme lorsqu'ils disent la vérité, les gens sont mus par leur vision du monde. Celle-ci leur sert de guide chaque fois qu'ils s'efforcent de décrire la réalité avec fidélité ou de manière trompeuse. C'est pourquoi le fait de prononcer des mensonges ne rend pas une personne incapable de dire aussi la vérité – ce qui est le cas pour celui qui raconte des conneries. À cause de l'indulgence excessive dont il bénéficie, le baratineur finit par ne plus prêter attention à ses propres assertions, de sorte que son sens des réalités a tendance à s'atténuer, voire à s'évanouir. Le menteur et l'honnête homme jouent l'un en face de l'autre, mais respectent les mêmes règles du jeu. Ils tiennent compte tous deux des faits avérés, même si l'un obéit à l'autorité de la vérité, tandis que l'autre la défie et refuse de se plier à ses exigences. Le baratineur, pour sa part, l'ignore totalement. Il ne la rejette pas à la façon du menteur : il ne lui accorde pas la moindre attention. C'est pourquoi le baratineur est un plus grand ennemi de la vérité que le menteur.

L'homme désireux de rapporter ou de dissimuler la réalité part du principe que celle-ci est à la fois définie et connaissable. Son désir de dire la vérité ou de mentir présuppose l'existence d'une différence entre une bonne et une mauvaise interprétation, et la possibilité dans certains cas de déterminer cette différence. Celui qui ne croit pas en cette possibilité d'établir la véracité ou la fausseté de certaines déclarations se retrouve en face d'une alternative.

Soit il renonce à toute tentative de dire la vérité ou de tromper, ce qui signifie qu'il s'interdit toute assertion relative à la réalité. Soit il continue à tenir des propos visant à décrire la réalité, mais il est alors condamné à dire des conneries.

Pourquoi le baratin est-il aussi répandu ? Il est bien sûr impossible d'être certain qu'il prospère davantage aujourd'hui qu'à d'autres époques. La communication sous toutes ses formes n'a jamais été aussi présente, mais cela n'implique pas que la proportion de conneries ait également augmenté. Sans préjuger d'un éventuel essor contemporain du baratin, je vais maintenant énoncer quelques considérations qui peuvent aider à comprendre son omniprésence actuelle.

Le baratin devient inévitable chaque fois que les circonstances amènent un individu à aborder un sujet qu'il ignore. La production de conneries est donc stimulée quand les occasions de s'exprimer sur une question donnée l'emportent sur la connaissance de cette question. Ce genre d'écart est fréquent dans la vie publique, dont les acteurs sont portés – soit du fait d'un penchant naturel, soit en réponse à des demandes extérieures – à s'étendre sur des sujets malgré leur degré plus ou moins élevé d'ignorance. Des exemples très semblables naissent de la conviction très répandue dans les démocraties qu'il est de la responsabilité du citoyen d'avoir une opinion sur tout, ou du moins sur l'ensemble des questions liées à la conduite des affaires de son pays. Il va de soi que le fossé entre les opinions d'une personne et son appréhension de la réalité s'élargira encore si celle-ci estime qu'il est de sa responsabilité morale d'émettre un jugement sur les événements et sur la situation de l'ensemble de la planète.

La prolifération contemporaine du baratin a des sources encore plus profondes dans les diverses formes de scepticisme qui nient toute possibilité d'accéder à une réalité objective et par conséquent de connaître la nature véritable des choses. Ces doctrines « antiréalistes » sapent notre confiance dans la valeur des efforts désintéressés pour distinguer le vrai du faux, et même dans l'intelligibilité de la notion de recherche objective. Cette perte de confiance a entraîné un abandon de la discipline nécessaire à toute personne désireuse de se consacrer à l'idéal d'*exactitude*, au profit d'une autre sorte de discipline : celle que requiert l'idéal alternatif de *sincérité*. Au lieu d'essayer de parvenir à une représentation exacte du monde, l'individu s'efforce de donner une représentation honnête de lui-même. Convaincu que la réalité ne possède pas de nature inhérente, qu'il pourrait espérer identifier comme la véritable essence des choses, il tente d'être fidèle à sa propre nature. C'est comme si, partant du principe qu'être fidèle à la réalité n'a aucun sens, il décidait d'essayer d'être fidèle à lui-même.

Pourtant, il est absurde d'imaginer que nous soyons nous-mêmes des êtres définis, et donc susceptibles d'inspirer des descriptions correctes ou incorrectes, si nous nous sommes d'abord montrés incapables de donner une définition précise de tout le reste. En tant qu'êtres conscients, nous n'existons que par rapport aux autres choses, et nous ne pouvons pas nous connaître sans les connaître aussi. En outre, aucune théorie ni aucune expérience ne soutient ce jugement extravagant selon lequel la vérité la plus facile à connaître pour un individu serait la sienne. Les faits qui nous concernent personnellement ne frappent ni par leur solidité ni par leur résistance aux assauts du scepticisme. Chacun sait que notre nature insaisissable, pour ne pas dire chimérique, est beaucoup moins stable que celle des autres choses. La sincérité, par conséquent, c'est du baratin.

Notes

1. Max Black, *The Prevalence of Humbug*, Ithaca, New York/Londres, Cornell University Press, 1985.

2. *Ibid.*, p. 143.

3. Ce fait est rapporté par Norman Malcolm dans son introduction à *Recollections of Wittgenstein*, éd. R. Rhees, Oxford, Oxford University Press, 1984, p. XIII.

4. Fania Pascal, « Wittgenstein : A Personal Memoir », in Rhees, *Recollections*, *op. cit.*, p. 28-29.

5. Notons que l'inclusion de la mauvaise foi parmi ses caractéristiques essentielles

impliquerait qu'on ne peut proférer de baratin par inadvertance ; en effet, il est pratiquement impossible d'être de mauvaise foi par inadvertance.

6. Ezra Pound, *Cantos*, Canto LXXIV.

7. Eric Ambler, *Sale Histoire*, 1967 (trad. fr. Paris, Stock, 1971 ; Seuil, 1992). À mes yeux, l'étroitesse du lien qui unit le baratin au bluff se retrouve dans le parallèle entre les deux expressions : « s'en tirer en racontant des conneries » et « se sortir d'embarras en proférant des absurdités ».

8. Saint-Augustin estime qu'un mensonge de ce type constitue un péché moins grave que ceux appartenant à trois autres catégories, et un péché plus grave que ceux qui entrent dans les quatre catégories restantes.

9. Saint Augustin, *Sur le mensonge*.

Achevé d'imprimer en juillet 2006
dans les ateliers de Normandie Roto Impression s.a.s.
61250 Lonrai
N° d'édition : 3871
N° d'impression : 06-2437
Dépôt légal : septembre 2006
Nouveau tirage : septembre 2006
Imprimé en France